幸せを呼ぶ
古代ヲシデ文字

堀 倭歌
Waka Hori

たま出版

古代ヲシデ文字にはパワーが宿っています

みなさんは、「古代ヲシデ文字」という言葉を聞いたことがありますか？　おそらく、ほとんどの方が初めて耳にする言葉だと思います。

古代ヲシデ文字というのは、「古事記」「日本書紀」に並ぶ日本神話の原点とも言われる「ホツマツタエ」という書物に使われていた文字です。「ホツマツタエ」は、紀元前7世紀ごろ、日本の古代神話を伝えるために編纂《さん》されたもので、文章はすべて五七調の長歌と短歌で綴られています。

神話を記述したこの「古代ヲシデ文字」は、日本ではすでに1万年以上前から使用されていたといわれており、四十八文字、四十八音で成り立っています。

5ページの文字表を見ていただければわかる通り、五十音と異なっているのは、ヤ行の

「イ」と「エ」にあたる文字がないことです。その代わりに、「ヰ」と「ヱ」が、⊥という構成要素からなる文字として位置付けられています。また、次のワ行には五十音にあたる「ヰ」「ウ」「ヱ」がなく、「ン」と「ヲ」が配されています。そして、この三文字の共通要素は◇です。

　この「古代ヲシテ文字」のもっとも大きな特徴は、一文字、一文字に意味があるということです。たとえば⋔（「キ」と読みます）は、「木」「気」「記」「起」のほかに、「男性」の意味も持っています。そして、⫛（「ミ」と読みます）という文字は、「実」「未」「魅」「味」の意味として使用しますが、「女性」という意味もあります。そのため、⋔⫛（「キミ」と読みます）は男女を表現する意味として、「ホツマツタヱ」ではよく使われています。

　男性を木にたとえると、女性を実とたとえることはすぐにわかります。現代では「キミ」は「君」ですから、二人称の「あなた」を表現するので、一人の意味ですが、古代日本では「キミ」は男女二人を表現していたのです。

そのように表現されるもっとも代表的な存在は、「イザナギ」「イザナミ」の二神です。男神であるイザナギには「ギ」が、女神であるイザナミには「ミ」がついています。すなわち名前の後に「キ」がついていれば男性で、「ミ」がついていれば女性だということがわかります。

もっとくわしくこの文字について知りたい方は、鳥居礼先生のご著書『言霊《ことだま》《ホツマ》』（たま出版）をごらんください。

☆古代ヲシテ文字の基本形

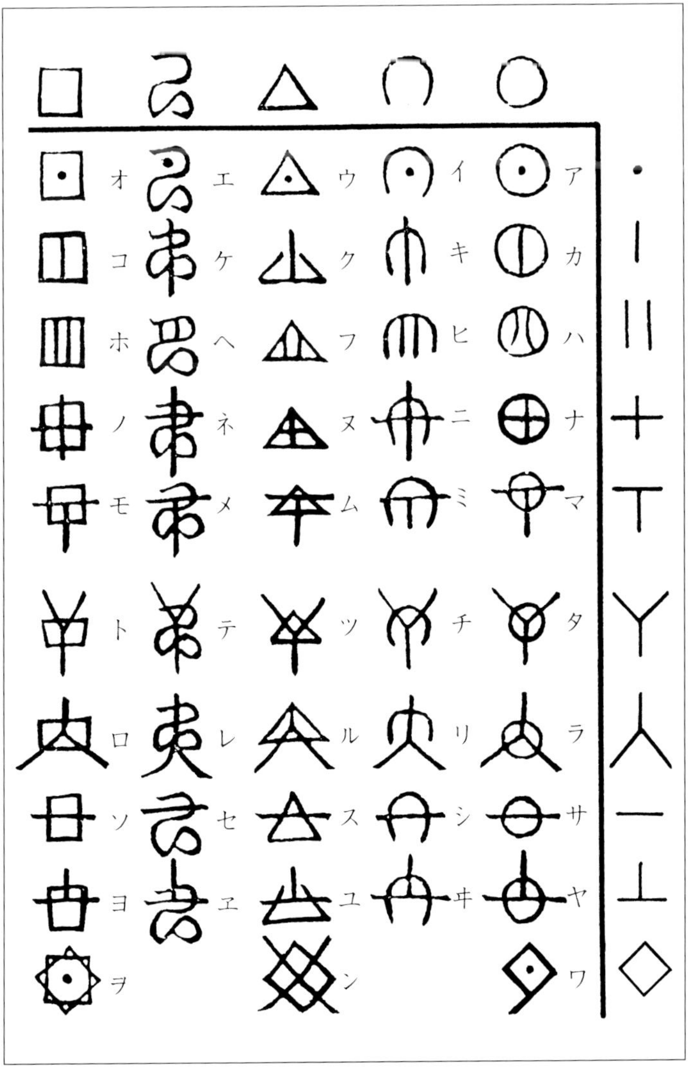

『言霊―ホツマ』鳥居 礼（たま出版）より

私は、この「古代ヲシデ文字」に出会って15年以上になりますが、書き写しているだけでもとても楽しく、心が落ち着き、そのうえ、自分自身の生活がどんどん良い方向に改善しました。

これは、「古代ヲシデ文字」が、言霊《ことだま》そのものだからだといえるでしょう。古代の人々は、言葉には目に見えない力が宿っていると考え、そこから「言霊」という言葉が生まれました。ヲシデ文字四十八音は、神としてまつられており、それぞれの言葉にパワーが宿っているのです。

私は、いつからかこの文字をオリジナルなやり方で書くようになりましたが、そうなると楽しさはいっそう増していきました。

みなさんは、単に好きな言葉を書き写すだけでも良いですし、イメージのままに組み合わせて絵のように描くのもすばらしいですね。世界でただひとつのオリジナル文字を、ハガキに書くのも良し、ボールペンで書いても、鉛筆で書いても、筆ペンでも、もちろん毛筆でもかまいません。絵手紙のように色を塗ってもすてきです。

まずは、基本の文字を書くことからはじめてみてください。

そして、あなたのオリジナルな文字を額に入れて壁にかけたり、写真立てに入れて机やテーブルの上に置いたり、大好きな人へのメッセージとして贈るのもいいと思います。

あなただけの表現方法でいろいろ試してみましょう。書き続けることで、あなたの未来はだんだん開けていきます。

では、実際に文字を書いてみましょう。

次ページにかかげてあるのは、「平和」という文字を表現したものです。古代ヲシデ文字で表すと、「」となります。

その三文字を、私なりのイメージをもとに視覚化してみました。

ここには、「好ましい感情も好ましくない感情も、すべて輪の中へ受け入れて、みんなで手をつないでみると、そこには争いがない」という思いが込められています。すなわち、包み込む、輪という意味です。

☆「平和」を表現したオリジナル文字

次に、「平和」の文字のいくつかのバリエーションを考えてみましたので、ご自分でオリジナル文字をつくるときの参考にしてください。

これらはすべて「」の三文字を使っていますが、基本を押さえていれば、自分なりの想像力と工夫で思い切り変形させてもかまいません。

☆「車の両輪」を
表現した「平和」の文字

☆「風になびく旗」を
表現した「平和」の文字

☆「大海原を行く船」を
表現した「平和」の文字

だれもが一番に望むもの――それは、なんといっても自分や家族の幸せでしょう。この世に幸せを望まない人はいないはずです。

左に掲げてあるのは、「しあわせ」の四文字を私なりにオリジナル化したものです。みなさんも、「しあわせ」のオリジナル文字をつくって、部屋のどこかへ飾ってみてください。きっと幸せが訪れます。

☆「顔の表情」を表現した
「しあわせ」の文字

☆「家族の団らん」を表現した
「しあわせ」の文字

☆「長寿亀」を表現した
「しあわせ」の文字

私流にアレンジした、さまざまなオリジナル文字

※古代、日本では清音を常としており、濁音を忌み嫌う傾向があって、濁点・半濁点をつけずに表現していたようです。そのため、私もヲシデ文字を表現する場合は濁点・半濁点をつけてはおりません。しかしながら、文献によっては、分かりやすさもあり、濁点・半濁点を表現している場合もありますので、つけて表現されてもよいと思います

☆こころに関する言葉

〈祈り〉

〈愛〉

〈夢〉

〈希望〉

〈未来〉

〈魂〉

☆くらしに関する言葉

〈繁栄〉

〈共生〉

〈安全〉

〈安心〉

〈健康〉

〈喜び〉

〈感謝〉

〈家族〉

☆生き方に関する言葉

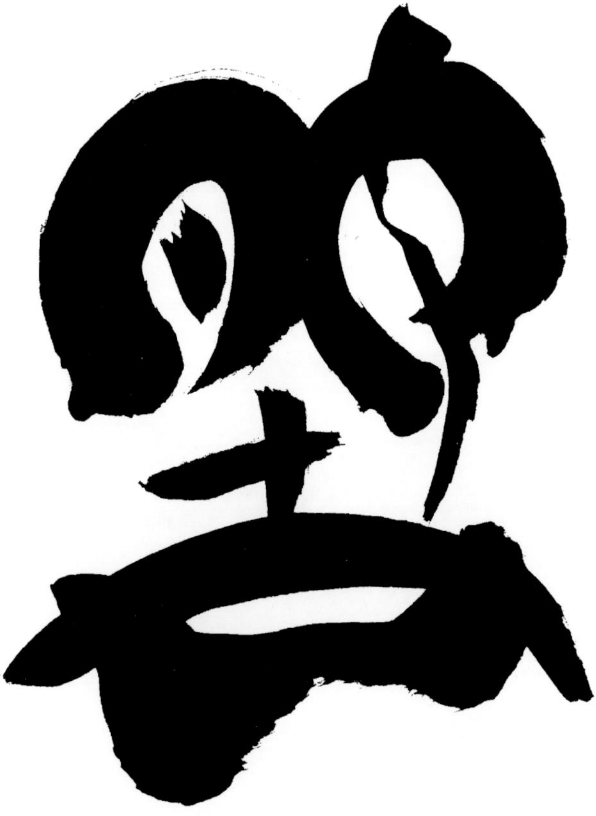

〈生きよ〉

〈負けるな〉

〈進歩〉

〈絆〉

〈ゆっくり〉

〈のんびり〉

☆自然や摂理に関する言葉

〈青葉〉

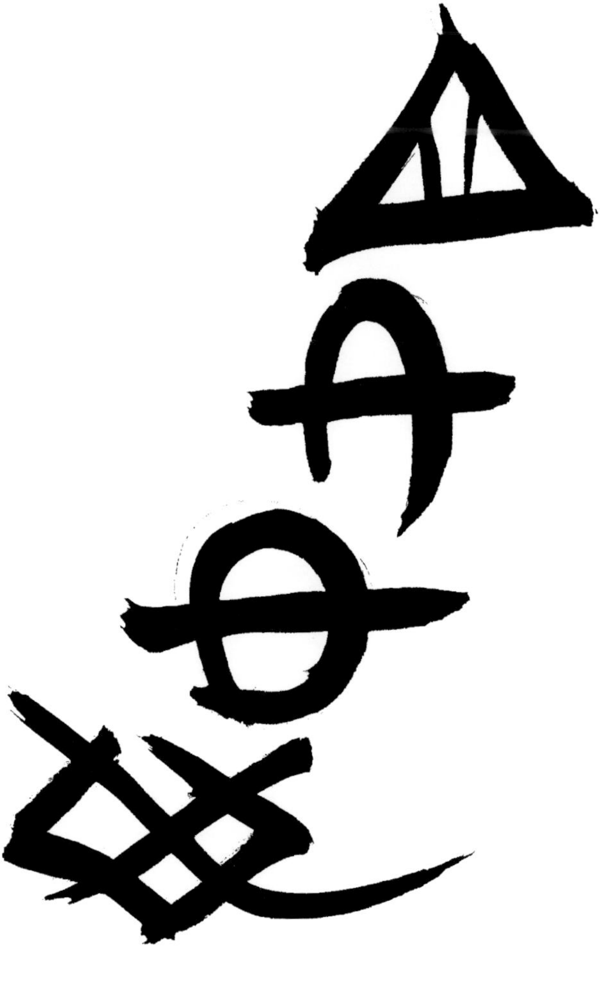

〈富士山〉

〈日本〉

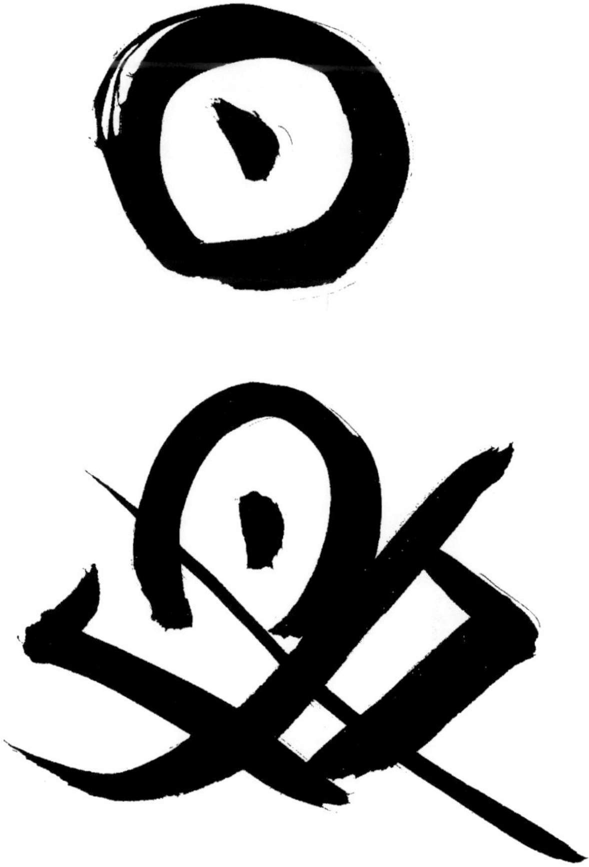

〈あ・うん〉

〈あわ（天地の意味）〉

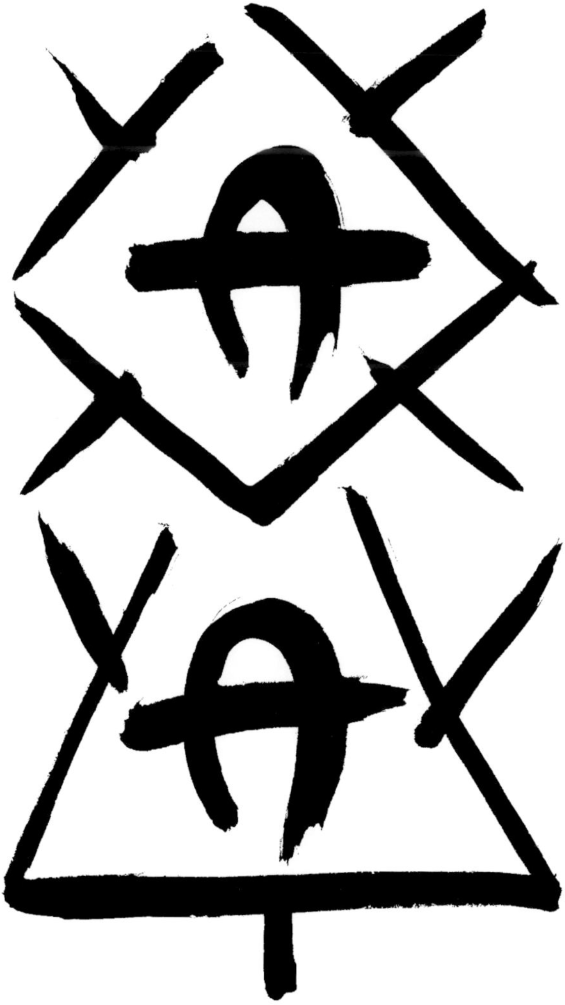

〈真実〉

〈いのち〉

さあ、今日からさっそく楽しみましょう

いかがでしたか?
この「古代ヲシデ文字」を使ったオリジナル文字は、絵手紙より簡単で、だれでも楽しめることがおわかりいただけたかと思います。
いろいろな文字を紹介しましたが、これが絶対というわけではありません。決まった型もありませんから、自由自在にアレンジして、自分だけのオリジナルな楽しみ方を見つけてください。
私はハガキサイズの紙に毛筆を使って書いていますが、書き方にもこれという決まりはないので、手近にある物を使って気軽に始められます。
なお、本書で紹介した例のほかにも、ホームページではいろいろなバリエーションを紹

介していますので、さらにくわしく知りたい方は、左記のアドレスにアクセスしてみてください。

http://woside.net

自分流のオリジナル文字をつくる楽しさは、やってみればきっとわかるはずです。そのことを通してみなさまに幸せが訪れれば、作者としてこれに勝る喜びはありません。

著者プロフィール

堀　倭歌（ほり　わか）

名古屋市在住。ヲシデ文字の第一人者として活躍中。
毎年、名古屋市栄のギャラリーチカシンで「ヲシデ（古代）文字展」を開催している。

http://woside.net

幸せを呼ぶ古代ヲシデ文字

2008年４月28日　初版第１刷発行　著　者　堀　倭歌
発行者　韮澤　潤一郎
発行所　株式会社　たま出版
〒160-0004　東京都新宿区四谷4-28-20
☎ 03-5369-3051（代表）
http://tamabook.com

ISBN978-4-8127-0252-9　C0011　印刷所　図書印刷株式会社